Manfred Mai

Leonie,
der Jungenschreck

Mit Bildern von Betina Gotzen-Beek

Ravensburger Buchverlag

Bibliografische Information Der Deutschen Bibliothek:

Die Deutsche Bibliothek verzeichnet diese Publikation
in der Deutschen Nationalbibliografie.
Detaillierte bibliografische Daten sind im Internet
über **http://dnb.ddb.de** abrufbar.

**Die Schreibweise entspricht den Regeln
der neuen Rechtschreibung.**

3 2 1   05 06 07

Ravensburger Leserabe
© 2005 Ravensburger Buchverlag Otto Maier GmbH
Umschlagbild: Betina Gotzen-Beek
Umschlagkonzeption: Sabine Reddig
Redaktion: Marion Diwyak
Printed in Germany
ISBN-3-473-36070-8

www.ravensburger.de
www.leserabe.de

Inhalt

Wer wird Millionär?   4

Wie du mir, so ich dir!   13

Wer ist hier doof?   21

Ein Überfall   31

Jetzt wird's gefährlich   42

Immer schlimmer   49

Leserätsel   57

Wer wird Millionär?

Leonie, Maren und Antonia sind Freundinnen, seit sie in die Schule gehen. Trotzdem haben sie sich vor kurzem gestritten. Leonie hatte sich in Florian verliebt, Antonia in Moritz. Aber der wollte von ihr nichts wissen, weil er Maren viel netter fand. Das nahm Antonia Maren übel und redete nicht mehr mit ihr. Und sie verlangte, dass Leonie auch nicht mehr mit ihr rede; andernfalls sei sie nicht mehr ihre Freundin. Leonie wollte sich nicht zwischen Antonia und Maren entscheiden, sie wollte beide als Freundinnen wie bisher. Und sie wollte mit Florian gehen, den sie sogar schon geküsst hatte.

Auch zwischen Florian, Moritz und Alexander kam es zu Reibereien. Alexander konnte nicht verstehen, was die beiden an Mädchen auf einmal so interessant fanden. Moritz verstand das bald selbst nicht mehr und schrieb Maren in einem Brief, Mädchen seien doof und küssen sei eklig. Es dauerte nicht lange, bis sich Florian seinen Freunden anschloss und Leonie aus dem Weg ging. Die begriff das nicht und war einige Zeit sehr traurig. Inzwischen ist sie darüber hinweg und es ist beinahe alles wieder wie zuvor. Aber nur beinahe, denn jetzt wollen Leonie, Maren und Antonia den drei Jungen beweisen, dass Mädchen nicht doof sind.

Eine gute Gelegenheit dazu bietet sich, als Frau Schröder zu Beginn der Deutschstunde sagt: „Die meisten von euch haben wahrscheinlich schon Ratesendungen wie **Wer wird Millionär?** gesehen."

Bis auf Lukas, dessen Eltern keinen Fernseher haben, rufen alle: „Ja!"
„Heute wollen wir den Unterricht mal wie ein Ratespiel gestalten. Ihr bekommt ein Blatt mit fünfzehnmal vier Antworten, von denen immer drei falsch sind", erklärt Frau Schröder. „Ich lese euch die Fragen vor und ihr habt jeweils zwei Minuten Zeit, in Gruppen die richtigen Antworten herauszufinden. Setzt euch also bitte zu viert an einen Tisch."
„Bekommen wir dann auch eine Million, wenn wir alle Fragen richtig beantworten?", möchte Hasan wissen. Frau Schröder schmunzelt. „Eine Million kann ich euch leider nicht anbieten, aber lasst euch mal überraschen", sagt sie geheimnisvoll.
Die Kinder reden aufgeregt durcheinander, während sie die Gruppen

bilden. Einige finden schnell zusammen, bei anderen dauert es länger.

„Verschwinde!", zischt Maren, als sich Svenja zu ihnen setzt. „Eine Petze wie dich wollen wir nicht!"

„Selber Petze!", giftet Svenja zurück und verduftet.

Auch Josip und Anja sind nirgendwo erwünscht. Schließlich setzen sich die drei zusammen an einen Tisch. Außer ihnen gibt es nach einigem Hin und Her drei Mädchen-Gruppen und drei Jungen-Gruppen. Bei Leonie, Maren und Antonia sitzt Lara. Florian, Moritz und Alexander haben sich mit Hasan verstärkt.
Frau Schröder teilt die Blätter aus und liest die erste Frage vor: „Was ist ein Verb?"
Als Antwortmöglichkeiten stehen auf dem Blatt:

In einigen Gruppen fällt die Entscheidung schnell, in anderen gibt es heiße Diskussionen.

„Die Zeit ist um", sagt die Lehrerin, „hier kommt schon die zweite Frage: Welches Wort gehört nicht zum Wortfeld Gehen?"

☐ schreiten ☐ langsam ☐ trippeln ☐ schlendern

stehen zur Auswahl.
Wieder haben sich noch nicht alle Gruppen für eine Antwort entschieden, als Frau Schröder schon die nächste Frage vorliest. Und so geht es fünfzehn Fragen lang. Die Mädchen und Jungen sind mit heißen Köpfen bei der Sache und warten am Ende gespannt auf die Lösungen.
Mit zwölf richtigen Antworten liegen Leonie, Maren, Antonia und Lara an der Spitze. Die vier freuen sich und jubeln, als hätten sie eine Million gewonnen. Antonia

dreht sich zu Florian und Co. und streckt ihnen die Zunge raus.
„Na, na, na", sagt Frau Schröder.
„Die haben garantiert gemogelt!", ruft Alexander. „So viel wissen die doch nie!"
„Hier hat niemand gemogelt", stellt die Lehrerin klar. „Ich habe genau aufgepasst."
Alexander grummelt etwas vor sich hin, was niemand versteht. Dann flüstert er mit Moritz.

Den zweiten Platz mit elf richtigen Antworten belegt wieder eine Mädchen-Gruppe. Dritter wird die Jungen-Gruppe um Lukas. Florian, Moritz, Alexander und Hasan werden mit sechs richtigen Antworten Vorletzte und sind ziemlich sauer.
Die vier Siegerinnen erhalten von Frau Schröder schöne Lesezeichen.
„Nur gut, dass wir nicht gewonnen haben", brummt Moritz. „Ich lese keine Bücher, was soll ich dann mit einem Lesezeichen?"
„Genau", sagt Hasan.

Wie du mir, so ich dir!

In der großen Pause schlendern Leonie, Maren und Antonia über den Schulhof und lassen sich ihre belegten Brote schmecken. Dabei halten sie nach Florian, Moritz und Alexander Ausschau, denn sie wollen die drei noch ein wenig necken, können sie aber nirgendwo entdecken und fragen sich, wo die sich wohl verstecken.
„Bestimmt sind sie im Klo", meint Antonia. „Komm, wir schauen mal rein."

„Ins Jungenklo?", fragt Leonie. „Spinnst du?"

„Hast du Angst?"

„Ich … ich … das …"

Bevor Leonie einen Satz zu Stande bringt, marschiert Antonia zu den Toiletten, stößt die Tür mit dem J auf und ruft hinein: „Alex, Flori, Moritz! Kommt raus, ihr Feiglinge!"

„Hilfe, ein Mädchen!", tönt es zurück.

„Verpiss dich, sonst kannst du was erleben!", droht ein größerer Junge.

Mit dem legt sich Antonia lieber nicht an und zieht sich zurück. „Jetzt wissen wir immer noch nicht, ob sie da drin sind", meckert sie.

„Dann warten wir eben hier, bis die Pause zu Ende ist", sagt Maren. „Wenn sie drin sind, müssen sie ja irgendwann rauskommen."

Doch die Mädchen warten vergeblich und als sie nach der Pause ins Klassenzimmer kommen, sitzen die drei schon an ihren Plätzen.

„Komisch", wundert sich Leonie, „sonst kommen die doch nach der Pause meistens als Letzte rein." Sie setzt sich und will ihr Mathebuch aus dem Ranzen holen, aber es ist nicht da. Während sie noch sucht, sagt Antonia: „Mein Matheheft ist weg."
„Und was fehlt dir?", fragt Leonie, die schon einen Verdacht hat.
Maren schaut in ihren Ranzen und vermisst nichts.

„Bist du ganz sicher?", fragt Leonie.

„Ja!"

„Hm", macht Leonie, „es ist bestimmt kein Zufall, dass unsere Mathesachen verschwunden sind."

Frau Schröder kommt herein und bittet die Kinder, Bücher, Hefte und Schreibzeug für die Mathestunde bereitzulegen.

Leonie meldet sich: „Antonias Heft und mein Buch sind verschwunden …"

„Und mein Füller!", ruft Maren dazwischen.

„Siehst du", sagt Leonie, „ich hab's doch gewusst."

„Was hast du gewusst?", möchte die Lehrerin wissen.

Leonie zögert.

Sie weiß nicht, ob sie ihren Verdacht aussprechen soll. Schließlich hat sie keine Beweise.

Deswegen sagt sie nur: „Nichts."

Frau Schröder schüttelt den Kopf und beginnt mit dem Unterricht. Es geht um Gramm, Kilogramm und Tonnen.
„Machen wir wieder ein Ratespiel?", fragt Lukas.
„Erst müsst ihr einiges über diese Gewichte lernen, dann können wir ein … ein Wissensspiel machen", antwortet die Lehrerin, „denn in der Mathematik wird nicht geraten."
„Schade."

Gramm, Kilogramm und Tonnen interessieren Leonie jetzt nicht, ihre Gedanken sind ganz woanders.

„Meinst du, die haben unsere Sachen geklaut?", flüstert Maren ihr ins Ohr. Obwohl sie keine Namen nennt, weiß Leonie, von wem sie redet. „Nicht geklaut, aber irgendwo versteckt", flüstert sie zurück.

Nur weil wir beim Millionär-Spiel viel mehr gewusst haben als sie, denkt Leonie. Die sagen immer, wir seien doof, dabei sind sie selber doof, saudoof sogar! Denen werde ich eins auswischen, jetzt gleich.

Sie meldet sich und sagt mit einer Leidensmiene: „Mir ist schlecht, darf ich hinausgehen?"

Frau Schröder wundert sich und fragt, seit wann ihr schlecht sei.

„Seit der Pause", flunkert Leonie.

„Was hast du gegessen?"

„Ein Käsebrot."

„Also gut", sagt die Lehrerin. „Maren, du gehst mit ihr."

Kaum sind die beiden draußen, fragt Maren: „Ist dir wirklich schlecht?"

„Quatsch!"

„Und warum …"

„Sei leise und komm mit."

Sie laufen zu den Fahrradständern und lassen die Luft aus den Reifen der Räder von Moritz und Alexander. Bei Florians Fahrrad zögert Leonie.

„Bei dem auch", sagt Maren nur und öffnet erst das Ventil am Vorder-, dann am Hinterrad.

Leonie schaut ihr wortlos zu.

Wer ist hier doof?

Nach Schulschluss entdeckt Moritz als Erster die platten Reifen.
„Scheiße!", schreit er.
„Das waren die Weiber!", sagt Alexander sofort.
„Das werden sie büßen!", ruft Moritz.
Sie laufen zur Straße und halten Ausschau nach den Mädchen, sehen sie aber nicht. Wütend gehen sie zurück zu

ihren Rädern und pumpen Luft in die Reifen, wobei sie mächtig ins Schwitzen kommen. Dazu gibt es eine Menge schadenfroher Kommentare von anderen Schülern, was die drei noch wütender macht.

Antonia, Leonie und Maren beobachten alles aus sicherer Entfernung und freuen sich über ihren Streich. Dann laufen sie schnell nach Hause, bevor die Jungen die Verfolgung aufnehmen können.

Völlig außer Puste kommt Leonie zu Hause an, lässt ihren Ranzen im Flur fallen, geht in die Küche und plumpst auf einen Stuhl.

„Warum bist du denn so gerannt?", fragt Mama. „War jemand hinter dir her?"

Leonie kann noch nicht reden und schüttelt den Kopf.

Mama schneidet weiter Tomaten und gibt sie in eine große Schüssel, in der schon grüner Salat liegt.

„Wenn du wieder bei Atem bist, kannst du schon mal den Tisch decken."

Leonie erhebt sich schwer, stellt vier Teller auf den Tisch, legt Besteck dazu, holt Apfelsaft aus dem Kühl- und Gläser aus dem Küchenschrank.

„Kannst du mir jetzt sagen, warum du so gerannt bist, dass du völlig außer Atem warst?"

Leonie erzählt von ihrer Flucht vor den drei Jungen und von deren Behauptung, Mädchen seien doof.

„Ich finde es gut, wenn ihr den Jungs zeigt, dass Mädchen nicht doof sind", sagt Mama. „Und Streiche haben wir einander früher auch gespielt. Ihr müsst nur aufpassen, dass es nicht zu weit geht."

„Wie zu weit?"

„Die Jungs werden die letzte Schlappe wohl kaum auf sich sitzen lassen und schon überlegen, wie sie euch das wieder heimzahlen können."

„Und was könnten sie uns tun?"

„Keine Ahnung, was denen einfällt", antwortet Mama. „Ihr müsst jedenfalls auf der Hut sein." Sie hört die Haustür, kippt die dampfenden Spagetti in ein Sieb und stellt sie mit einem Glas Pesto auf den Tisch.

„Mhm", macht Papa, „das ist ja wie beim Italiener!" Er setzt sich und reibt die Hände.
Marcel lümmelt sich auf seinen Stuhl, sieht die Tomaten im Salat und meckert los.

„Guten Appetit!", übertönt ihn Papa. „Wenn du keine Tomaten willst, sind für uns umso mehr da." Er greift nach dem Salatbesteck und bedient seine Frau und Leonie, bevor er sich selbst nimmt.
Alle lassen es sich schmecken, auch der meckernde Marcel.

Zwischendurch erzählen sie sich die Neuigkeiten des Tages. Mama hat erfahren, dass ein Arbeitskollege bei ihrem Chef schon öfter schlecht über sie geredet hat. Heute hat sie ihn zur Rede gestellt, da hat er alles abgestritten.

„Das ist ja fies", sagt Marcel.

„Du musst zu deinem Chef gehen und ihm das sagen", meint Leonie.

„Wie macht er denn seine Arbeit?", möchte Papa wissen.

„Na ja, es geht. Er tut allerdings so, als könne er alles besser als ich und würde den Betrieb am Laufen halten, was wirklich lächerlich ist", antwortet sie.

„Aber er kann sich oben gut einschmeicheln."

„Nach oben schleimen, nach unten treten, das sind die widerlichsten Typen", sagt Papa. „Und Frauen betrachten die fast als

minderwertige Wesen, mit denen sie umspringen können, wie sie wollen. Da musst du dich wehren, sonst macht der Kerl dir nur das Leben schwer."
„Das werde ich, darauf kannst du dich verlassen!"
Während sie essen und die andern reden, gehen Leonie viele Gedanken durch den Kopf. Anscheinend gibt es nicht nur bei Kindern Streitereien zwischen Jungen und Mädchen, sondern auch bei Erwachsenen

zwischen Männern und Frauen. Und es gibt nicht nur Jungen, die behaupten, Mädchen seien doof, sondern auch Männer, die Frauen für doof halten. Leonie hat immer gedacht, wenn sie erwachsen sei, würde das aufhören. Aber wenn sie ihre Eltern reden hört, kommen ihr große Zweifel.

„Warum denken Jungen und Männer, sie seien klüger als wir?", fragt sie plötzlich.

„Weil es stimmt", sagt Marcel grinsend.

Leonie zeigt ihm einen Vogel.

„Das ist nicht dein Ernst, Marcel", sagt Papa.

„Und wie!"

„In unserer Klasse sind vier Mädchen die Besten und dann kommt erst Lukas!", ruft Leonie. „Und beim Millionär-Spiel waren zwei Mädchen-Gruppen Erste!"

„Zufall", stichelt Marcel, dem es gefällt, dass seine Schwester sich so aufregt.

„Das ist kein Zufall", widerspricht Papa. „Wenn ich nicht völlig falsch informiert bin, sind auch in deiner Klasse bei den Besten mehr Mädchen als Jungen. Und in sämtlichen Klassen, die ich unterrichte, ist es genauso."

Marcel will etwas sagen, aber Papa lässt sich nicht unterbrechen. „Seit Jahren machen in Deutschland mehr Mädchen als Jungen Abitur. Was sagt dir das?"

„Trotzdem gibt es strohdumme Mädchen!"

„Und strohdumme Jungen!", hält Leonie dagegen.
„Aber in unserer Familie zum Glück nicht", sagt Mama.

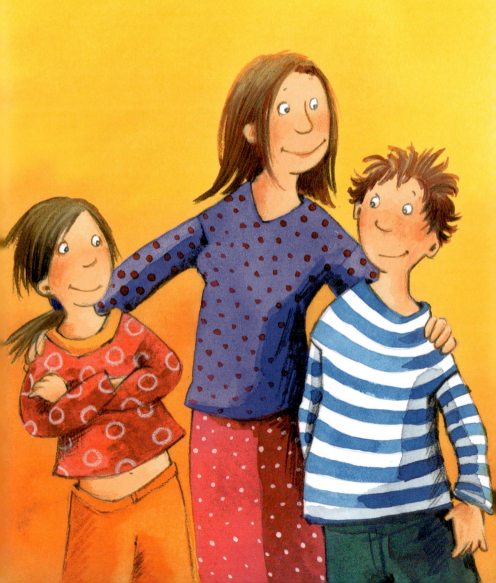

Ein Überfall

Als Leonie am Nachmittag auf dem Heimweg von der Flötenstunde ist, kommt ihr Moritz auf seinem Fahrrad entgegen. Weglaufen, schießt es ihr durch den Kopf, aber gleichzeitig weiß sie, dass das zwecklos wäre. Und falsch. Sie geht weiter, als hätte sie Moritz nicht gesehen, bis er sein Fahrrad wenige Zentimeter vor ihr zum Stehen bringt.

„Wer war's?"

„Was?"

„Tu nicht so, du weißt genau, was ich meine."

„Weiß ich nicht. Aber du weißt bestimmt, wer unsere Mathesachen versteckt hat."

Moritz würde Leonie am liebsten verprügeln, das sieht man ihm an. Aber allein traut er sich nicht, denn er weiß, dass sie nicht so leicht unterzukriegen ist.

„Wir erwischen euch noch, dann gibt es Rache!", droht er.

Im Wegfahren greift er nach dem Tragebeutel, in dem Leonie ihre Flöte und ein Notenheft hat, erwischt ihn jedoch nicht richtig, sodass Leonie ihn festhalten kann.
Sie geht schnell weiter und schaut sich mehrmals um, denn sie rechnet damit, dass Moritz mit Verstärkung wieder auftaucht. Doch er lässt sich nicht mehr blicken. Ob der meine Flöte kaputtgemacht hätte?, fragt sie sich.

Am nächsten Morgen sind Leonie, Maren und Antonia auf dem Weg zur Schule. Da kommen plötzlich drei Maskierte hinter einer Garage hervor, packen Maren, reißen ihr den Ranzen vom Rücken und rennen damit weg. Das geht alles so blitzschnell und überrascht die Mädchen derart, dass sie nichts tun können.

„Mein Ranzen", sagt Maren in einem Ton, als könne sie noch gar nicht begreifen, was eben geschehen ist. „Mein Ranzen!"
Sie laufen ein Stück hinterher, aber die drei Maskierten sind verschwunden.
„Das waren sie", sagt Antonia.
„Klar waren sie das", bestätigt Leonie.
„Das hat man gesehen, auch wenn sie sich wie Räuber in Filmen maskiert haben."
„Ich will meinen Ranzen wiederhaben", schnieft Maren. „Wir sagen es Frau Schröder", schlägt Leonie vor, „dann geben sie den Ranzen wieder her."
In der Schule gehen sie sofort zum Lehrerzimmer und berichten Frau Schröder den Vorfall.
„Das ist ja wie in einem Krimi", sagt ein mithörender Kollege und kann sich ein Grinsen nicht verkneifen.

„Du sollst dich über die Kinder nicht lustig machen", tadelt ihn Frau Schröder leise. Zu den drei Mädchen sagt sie: „Geht schon mal ins Klassenzimmer. Ich komme gleich, dann klären wir die Sache."
Genauso gespannt wie auf ihre Lehrerin warten die Mädchen auf Moritz, Alexander und Florian. Die drei betreten das Klassenzimmer wie immer, so als sei nichts geschehen. Kein auftrumpfender Kommentar und kein Grinsen in den Gesichtern verrät etwas.

Wenig später kommt Frau Schröder, begrüßt die Kinder, stellt ihre Tasche auf den Stuhl und fragt Maren: „Ist dein Ranzen inzwischen aufgetaucht?"
„Nein."
Frau Schröder schaut in die Klasse.
„Heute Morgen haben drei Räuber Marens Ranzen … sagen wir mal entwendet. Möchte jemand dazu etwas sagen?"
Sie wartet eine Weile.
„Richtige Räuber?", fragt Sirin.
„Nach der Beschreibung von Maren, Leonie und Antonia muss es sich um Räuber in eurem Alter handeln. Noch gehe ich davon aus, dass es sich nicht um richtige Räuber handelt, sondern um drei Jungen, die Maren einen Streich spielen wollten. Deswegen frage ich noch einmal, ob jemand von euch etwas dazu sagen möchte." Wieder wartet sie, doch niemand

meldet sich. Dann macht sie ein paar Schritte und bleibt vor Alexander, Florian und Moritz stehen. „Die Mädchen haben euch im Verdacht. Was sagt ihr dazu?"
„Die spinnen!", sagt Florian.
„Die können die Räuber ja gar nicht erkannt haben", brummt Alexander.
Moritz gibt ihm unter dem Tisch einen Stoß.
„Au!"
„Was ist?", fragt die Lehrerin.
„Nichts."
„Warum können sie deiner Meinung nach die Räuber nicht erkannt haben?"
„Weil …"
Wieder bekommt Alexander einen Stoß.
„Keine Ahnung", sagt er.
„Du wolltest sagen, dass wir euch nicht erkannt haben, weil ihr maskiert wart", platzt Leonie heraus.

„Stimmt das?", fragt Frau Schröder.
„Nein!"
„Ihr wart also nicht maskiert?"
„Doch … ich … ich meine … nein …",
stottert Alexander, der durch
Frau Schröders hinterhältige Fragerei
ziemlich durcheinander ist.
„Ich glaube, der Fall steht kurz vor der
Aufklärung", sagt die Lehrerin. „Wenn wir
hier bei Gericht wären, würde ich euch
jetzt zum letzten Mal fragen, ob ihr ein
Geständnis ablegen wollt – und denkt
daran, ein Geständnis wirkt immer
strafmildernd!"

Man sieht den drei Jungen förmlich an, wie es in ihren Gehirnen arbeitet.

„Aber wir haben das nur getan, weil die gestern die Luft aus unseren Reifen gelassen haben", murmelt Florian entschuldigend.
„Und wo ist der Ranzen jetzt?"
„Hinter den Mülltonnen."
„Dann hol ihn, damit wir endlich mit dem Unterricht beginnen können."
Florian geht hinaus und kommt wenig später mit dem Ranzen zurück. Maren

öffnet ihn und sieht sofort, dass alle Hefte fehlen.

„Wo sind die Hefte?", fragt Frau Schröder jetzt deutlich schärfer. „Und keine Lügen!"

„Die haben wir zerrissen und weggeworfen", gesteht Moritz.

Maren beginnt zu weinen, Frau Schröder schüttelt ungläubig den Kopf und kündigt eine saftige Strafarbeit an.

Jetzt wird's gefährlich

Am Nachmittag hat die Klasse
Schwimmen im Hallenbad.
Beim Umziehen sagt Alexander zu Moritz
und Florian: „Heute tauchen wir die
blöden Weiber, dass sie literweise Wasser
saufen."
Frau Stolzenberg, die junge Sportlehrerin,
bläst in ihre Trillerpfeife und sammelt die
Klasse bei den Startblöcken um sich.

„Heute üben wir den Startsprung."
„Den kann ich schon!", ruft jemand.
„Ich zeige und erkläre jetzt trotzdem, worauf es dabei ankommt." Sie stellt sich auf den Startblock, geht in die Knie, macht einen Katzenbuckel und springt ab. Kaum ist sie gesprungen, gibt Alexander Leonie von hinten heimlich einen Stoß, dass sie ins Wasser fällt.

Frau Stolzenberg taucht auf, sieht Leonie und ruft: „Du sollst erst springen, wenn ich das Zeichen dazu gebe!"
„Ich bin nicht gesprungen, jemand hat mich gestoßen", verteidigt sich Leonie.
Frau Stolzenberg kommt aus dem Wasser und ist ziemlich sauer. „Ich frage gar nicht, wer es getan hat; so wie ich euch kenne, war es ja sowieso wieder niemand. Ihr stellt euch jetzt ohne schubsen und drängeln hinter den Startblöcken auf und gesprungen wird erst, wenn ich pfeife!"
Leonie, Maren und Antonia stehen zwei Startblöcke von den Jungen entfernt, sodass die ihnen vorläufig nichts tun können.
In den letzten zehn Minuten dürfen sie noch Wasserball spielen und dabei geht es hoch her. Es ist nicht immer klar zu erkennen, ob jemand beim Kampf um den

Ball unter Wasser gerät oder absichtlich getaucht wird. Die Mädchen wissen natürlich, was die Jungen vorhaben, aber sie bleiben ihnen nur wenig schuldig. Einmal drücken und zerren sie Alexander zu zweit unter Wasser, dass der selbst kräftig schlucken muss.

„Nicht so wild!", ruft Frau Stolzenberg. „Sonst machen wir sofort Schluss!"
Beim Umziehen beeilen sich Florian, Moritz und Alexander auffallend und sie

sind als Erste draußen. Bei den Mädchen dauert es etwas länger, bis sie ihre Haare trockengeföhnt haben. Draußen werden manche mit dem Auto abgeholt, andere sind mit dem Fahrrad da und einige gehen zu Fuß. Zu ihnen gehören Leonie, Maren und Antonia, die das Hallenbad als Letzte mit Frau Stolzenberg verlassen.
Als die Lehrerin mit ihrem Golf weggefahren ist, kommen die drei Jungen hinter einem Strauch hervor und stellen sich den Mädchen in den Weg.

„Ihr schreibt für uns die Strafarbeiten, ist das klar?", sagt Alexander. „Seite 65 und 66 im Lesebuch."
Leonie tippt sich an die Stirn. „Das würde Frau Schröder ja sofort sehen", sagt Leonie, „sie kennt doch unsere Schriften."
„Du hältst dich wohl für besonders klug, was?", stichelt Moritz. „Aber so klug wie du sind wir schon lange." Er grinst. „Ihr schreibt die Strafarbeiten nämlich auf dem Computer, dann merkt die Schröder gar nichts, ätsch!"
Leonie ist überrascht, denn damit hat sie nicht gerechnet.
„Ich bin doch nicht blöd und schreibe eure Strafarbeiten", sagt Antonia.
„Halt die Klappe!", zischt Florian. „Wenn ihr nicht blöd seid, schreibt ihr die Strafarbeiten, sonst …"
„Was sonst?", fällt Leonie ihm ins Wort.

„Sonst lassen wir uns einiges einfallen, darauf könnt ihr euch verlassen!", droht Alexander.
Mit diesen Worten verschwinden die Jungen hinter dem Strauch, holen ihre Fahrräder hervor und zischen ab.
Und den hab ich mal geküsst, denkt Leonie traurig und wütend, als sie Florian nachschaut.

Immer schlimmer

Florian, Moritz und Alexander passen
Maren am nächsten Tag nach dem Turnen
ab, binden ihr den Mund zu und zerren sie
in den hinteren Teil des Parks. Dort halten
Florian und Moritz sie fest.
„Ihr habt die Strafarbeiten nicht
geschrieben, dafür werdet ihr jetzt
büßen!", sagt Alexander wie ein Gangster
im Fernsehen. „Mit dir fangen wir an." Er
greift in die Hosentasche und holt eine
Streichholzschachtel heraus. „Was meinst
du, was hier drin ist?"

Florian verdreht die Augen. „Sie kann doch nicht sprechen, du Blödmann!"
„Weiß ich selber", brummt Alexander. „Also, da ist ein kleines Tierchen drin …"
„Mensch, Alex, mach's doch nicht so spannend", sagt Moritz schon leicht genervt.
Alexander überhört die Bemerkung und redet weiter: „Wir wissen, dass du dich vor Spinnen furchtbar ekelst. Da drin ist eine ganz große, die setze ich dir jetzt auf die Nase."

Maren reißt die Augen auf, schüttelt heftig den Kopf, schreit unter ihrem Knebel und zerrt wie wild an den Fesseln.

„Jetzt hast du Angst, was, aber jetzt ist es zu spät", sagt Florian. „Los, Alex, hol die Spinne endlich raus!"

Alexander öffnet die Streichholzschachtel dicht vor Marens Gesicht. Die Spinne krabbelt heraus und Maren wirft den Kopf in panischer Angst hin und her. In diesem Augenblick kommt Leonie angerannt und schlägt Alexander die Schachtel samt Spinne aus der Hand. Die Jungen sind so überrascht, dass sie wie angewurzelt dastehen. Leonie reißt Maren das Knebeltuch vom Mund.

„Eine Spinne! Die wollten mir eine Spinne ins Gesicht setzen", ruft sie heulend.

„Seid ihr jetzt total übergeschnappt!", schreit Leonie die Jungen an. „Ihr wisst doch, dass sie wahnsinnige Angst vor Spinnen hat." Sie guckt Florian wütend an. „Genau wie du und ich vor Mäusen! Sollen wir uns gegenseitig Mäuse aufs Gesicht setzen? Sollen wir uns nur noch quälen?"

„Ich … wir … hättet ihr nicht die Luft aus unseren Reifen gelassen …"

„Hättet ihr unsere Mathesachen nicht versteckt", fällt Leonie ihm ins Wort.

„Hättet ihr, hättet ihr! Wer angefangen hat, ist doch nicht so wichtig, viel wichtiger ist, dass wir jetzt aufhören, sonst machen wir immer schlimmere Sachen." „Aber wir …", Alexander bricht den Satz ab und schaut fragend von Moritz zu Florian. „Ihr schnappt eine von uns und quält sie", redet Leonie weiter, „wir schnappen einen von euch und quälen ihn. So geht das dann immer weiter, bis … ja, bis wohin?

Sollen wir uns gegenseitig foltern?"
„Spinnst du?", fragt Moritz zurück. „Das ist doch nur …" Er verstummt, weil er merkt, dass es nicht mehr stimmt, was er sagen wollte.

Leonie scheint seine Gedanken lesen zu können. „‚Spaß' wolltest du sagen oder ‚ein Spiel'. Das war es am Anfang, aber jetzt ist es kein Spaß und kein Spiel mehr."

„Sie hat Recht", murmelt Florian.
„Aber wir …"
„Wir müssen damit aufhören", unterbricht Florian seinen Freund Alexander, „sonst wird es immer schlimmer."

Manfred Mai wurde 1949 in Winterlingen auf der Schwäbischen Alb geboren. Dass er einmal Bücher schreiben würde, hätte er als Junge nicht gedacht – denn er war kein großer Leser. Nach einer Malerlehre und zwei Jahren Fabrikarbeit wurde er über den zweiten Bildungsweg Lehrer und fing an zu schreiben. Heute zählt er zu den erfolgreichsten Kinder- und Jugendbuchautoren. Auch für den Leseraben hat er schon viele Bücher geschrieben, eines davon heißt „Leonie ist verknallt". Darin wird die Vorgeschichte zu „Leoni, der Jungenschreck" erzählt.

Betina Gotzen-Beek zählt derzeit zu den beliebtesten Kinderbuchillustratorinnen. Mit ihren pfiffigen Zeichnungen hat sie nicht nur der Leonie Leben eingehaucht, sondern auch zahlreichen anderen Erstlesetiteln und Bilderbüchern einen unverwechselbaren Charme verliehen. Seit 1996 ist sie als freiberufliche Illustratorin tätig. Vorher hat sie Grafikdesign studiert und zeitweise auch als Restaurateurin, Floristin, Köchin und Verkäuferin gearbeitet.

mit dem Leseraben

Super, du hast das ganze Buch geschafft!
Hast du die Geschichte ganz genau gelesen?
Der Leserabe hat sich ein paar spannende
Rätsel für echte Lese-Detektive ausgedacht.
Mal sehen, ob du die Fragen beantworten
kannst. Wenn nicht, lies einfach noch mal
auf den Seiten nach. Wenn du die richtigen
Antwortbuchstaben in die Kästchen auf Seite 58
eingesetzt hast, bekommst du das Lösungswort.

Fragen zur Geschichte

1. Warum war Leonie traurig? (Seite 4/5)
   L: Weil sich ihre Freundinnen Antonia und
   Maren um Florian gestritten haben.
   Ü: Weil Florian plötzlich nichts mehr von
   Leonie wissen wollte.

2. Wieso behauptet Leonie während der Mathestunde, dass ihr schlecht sei? (Seite 19/20)
   A: Weil sie nachsehen will, ob sich die Jungs
   auf dem Klo versteckt haben.
   B: Weil sie zusammen mit Maren die Luft aus
   den Fahrradreifen der Jungs lassen will.

3. Über was unterhalten sich Leonies Eltern beim Mittagessen? (Seite 26/27)
   E : Über einen Arbeitskollegen von Leonies Mutter, der schlecht über sie redet.
   O: Über Leonies Streit mit der Jungen-Clique.

4. Woher weiß Frau Schröder, dass es sich bei den drei Maskierten um die drei Jungen gehandelt hat? (Seite 38/39)
   R : Weil Alexander sich verrät.
   G: Weil Maren einen der Jungen beim Überfall erkannt hat.

5. Sehen die Jungen am Ende ein, dass sie zu weit gegangen sind? (Seite 54)
   M: Nein. Sie behaupten, dass alles nur ein Spiel gewesen sei.
   L : Ja. Sie sehen ein, dass sie zu weit gegangen sind und damit aufhören müssen.

LÖSUNGSWORT:

1	2	3	4	F	A	L
						5

Super, alles richtig gemacht! Jetzt wird es Zeit für die RABENPOST.
Schicke dem LESERABEN einfach eine Karte mit dem richtigen Lösungswort. Oder schreib eine E-Mail.
Wir verlosen jeden Monat 10 Buchpakete unter den Einsendern!

An den LESERABEN
RABENPOST
Postfach 20 07
88190 Ravensburg
Deutschland

leserabe@ravensburger.de
Besuche mich doch auf meiner Webseite:
www.leserabe.de

1. Lesestufe für Leseanfänger ab der 1. Klasse

Rabenleicht Lesen lernen mit Geschichten von Manfred Mai

ISBN 3-473-36032-5

2. Lesestufe für Erstleser ab der 2. Klasse

ISBN 3-473-36033-3*   ISBN 3-473-36041-4

3. Lesestufe für Leseprofis ab der 3. Klasse

ISBN 3-473-36050-3   ISBN 3-473-36022-8   ISBN 3-473-36023-6

*Diese Titel sind auch als broschierte Schulausgaben erhältlich.

Gute Idee. Ravensburger